BEI GRIN MACHT SICH IHR WISSEN BEZAHLT

AF135793

- Wir veröffentlichen Ihre Hausarbeit,
  Bachelor- und Masterarbeit

- Ihr eigenes eBook und Buch -
  weltweit in allen wichtigen Shops

- Verdienen Sie an jedem Verkauf

Jetzt bei www.GRIN.com hochladen
und kostenlos publizieren

Bibliografische Information der Deutschen Nationalbibliothek:

Die Deutsche Bibliothek verzeichnet diese Publikation in der Deutschen National-
bibliografie; detaillierte bibliografische Daten sind im Internet über http://dnb.d-
nb.de/ abrufbar.

Impressum:

Copyright © 2014 GRIN Verlag
Druck und Bindung: Books on Demand GmbH, Norderstedt Germany
ISBN: 9783346087621

Dieses Buch bei GRIN:

https://www.grin.com/document/511764

Sophie Bergmann

Was sind Glück und Intelligenz und wie können Mitarbeiter optimal motiviert werden?

GRIN Verlag

Einsendeaufgaben

Persönlichkeitspsychologie

SRH FernHochschule Riedlingen

Modul: Persönlichkeitspsychologie

Studiengang: Prävention und Gesundheitspsychologie

von

Sophie Bergmann

Inhaltsverzeichnis

Abbildungsverzeichnis

Aufgabe 1

Was ist Glück? Ist der überraschende Sieg bei einem Wettkampf gleichbedeutend mit langfristiger Zufriedenheit im Leben? Glaubt man Philipp Mayring und seinem Buch „Psychologie des Glücks"[1], so werden die Forschungsergebnisse wohl immer widersprüchlich bleiben, wenn nicht zwischen aktuellem Glückserleben und biografisch entwickeltem Lebensglück unterschieden wird. Um hierbei eine Differenzierung vornehmen zu können, müssen zunächst einige Grundbegriffe der Persönlichkeitspsychologie definiert werden.

1. Grundbegriffe

Möchte man einen Menschen charakterisieren, erfolgt dies häufig in Form der Beschreibung seiner **Eigenschaften**. Es werden für die Person gültige, so genannte „*Traits*" benannt. Hierbei handelt es sich um Persönlichkeitszüge, die nicht direkt beobachtbar sind, auf die jedoch anhand von Verhaltensmustern geschlossen werden kann. Daher spricht man in diesem Zusammenhang auch von einem Konstrukt bzw. latenten Dimension. Eigenschaften sind zeitlich gesehen relativ stabil und bieten die Möglichkeit, eine bestimmte Person von einer anderen zu unterscheiden. Als Beispiele für die Merkmalsausprägung sind Interessen, Bedürfnisse, Eignungen oder Temperamente zu benennen. Auf Grund der Traits kann auch eine Aussage über zukünftiges Verhalten gemacht werden. Eine Eigenschaft stellt somit eine intervenierende Variable im Rahmen eines Reiz-Reaktions-Musters dar.[2]

Möchte man **Gewohnheiten** von Individuen untersuchen, so ist festzustellen, dass zunächst lediglich spezifische Verhaltensweisen an Personen beobachtbar sind. Diese werden auch als Habits bezeichnet. Es handelt sich um Verhaltensmuster, die unter gleichen Bedingungen immer wieder auftreten. Es hat ein unbewusster, impliziter Lernvorgang stattgefunden, wobei die Ausprägung bei

---

[1] Vgl. Mayring, P.: 1991, S. 51ff
[2] Vgl. Schnaack, F./Koch, A.: 2010, S. 18f

jedem Individuum verschieden ist. Selbst wenn sich Menschen in gleicher Umgebung befinden, unterscheiden sie sich somit in ihrem Verhalten.

Grund hierfür ist, dass dieselben äußeren oder inneren Reize bei den unterschiedlichen Personen zu verschiedenen Reaktionen führen. Allerdings ist lediglich das momentane Verhalten direkt beobachtbar.[3]

Mit **Zuständen** hingegen werden Stimmungen beschrieben, die situations-spezifisch auftreten, sie werden auch *„States"* genannt. Charakteristisch hierbei ist, dass sie vorübergehend sind und nur ein subjektives Muster von Gefühlen darstellen. Es werden Emotionen bzw. Befindlichkeiten wie Angst (Zustandsangst), Deprimiertheit oder Erheiterung beschrieben. Charakteristisch für State-Stimmungen ist, dass diese durch einen aktuellen Reiz ausgelöst werden und hier als „Ausreißer" in einer bestimmten Situation auftreten.[4]

Um den Zusammenhang zwischen Traits und Habits zu verdeutlichen, ist im folgenden Schaubild die Auffassung von Cattell, Eysenck und Guilford im Sinne einer hierarchischen Struktur der Persönlichkeit dargestellt. Ihrer Theorie zur Folge sind Eigenschaften nicht direkt beobachtbar, sondern resultieren indirekt aus beobachtbarem Verhalten.[5]

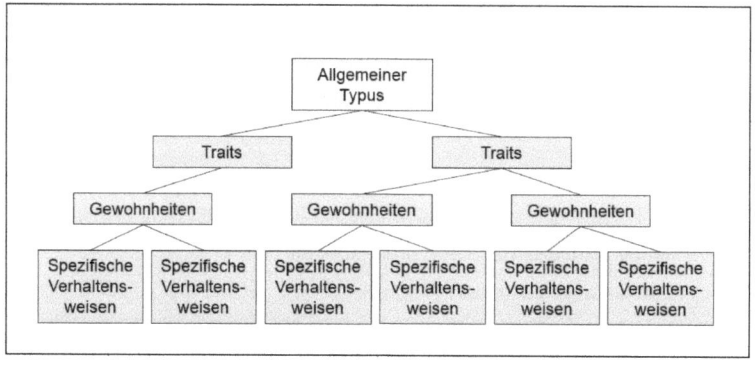

Abbildung 1: Hierarchische Struktur der Persönlichkeit
(Quelle: eigene Darstellung in Anlehnung an Koch, A./Schnaack, F.: 2010, S.19)

---

[3] Vgl. Schnaack, F./Koch, A.: 2010, S. 21
[4] Vgl. Schnaack, F./Koch, A.: 2010, S. 19f
[5] Vgl. Schnaack, F./Koch, A.: 2010, S. 19

2. State-Trait-Debatte

Beleuchtet man das Gesamtverhalten einer Person näher, stellt sich die Frage, ob dabei nun ursächlich eine Dominanz der personenspezifischen Eigenschaften oder aber der situationsspezifischen Merkmale, die über die Situationen hinweg variieren, vorliegt. Diese Diskussion wird auch als die **State-Trait-Debatte** geführt. Hierbei versucht man sich der Problematik zu stellen, welchen Anteil im Rahmen des Verhaltes eines Individuums der natürliche Zustand hat und bei welchem es sich um Ausreißer handelt. Dazu wird mit Hilfe von Untersuchungsinstrumenten wie z.B. am Beispiel Angst mit dem State-Trait-Angst-Inventar (STAI) die Zustandsangst, sowie die Angst als Eigenschaft erfasst. Ziel ist es, die Beziehung der beiden zu beschreiben – wie es im Rahmen einer Zahnbehandlungsangst sinnvoll sein kann.[6]

Vollständig trennen lassen sich das State- oder Trait-spezifische Verhalten in bestimmten Situationen jedoch nie, so handelt es sich bei Traits häufig um Summationen von State-Einheiten.[7]

Der Psychologe Mischel hat hierzu Untersuchungen durchgeführt und kam zu dem Schluss, dass beim Verhalten an sich die Situationsspezifität als Basis dominant ist. Beobachtet man jedoch Unterschiede im Verhalten mehrerer Personen, resultieren diese aus vorangegangenen Lernbedingungen. Es wird somit zwischen interindividuell gleichartigen und interindividuell verschiedenartigen Situation-Verhaltens-Verknüpfungen unterschieden.[8] Ein Beispiel zur Verdeutlichung könnten zwei junge Frauen bilden, die beide bei der plötzlichen Konfrontation mit einem Hund Angstsymptome zeigen. Die eine verhält sich schon immer recht schreckhaft allem Fremden gegenüber und weist eine hohe Ängstlichkeit auf. Diese Eigenschaft ist bei ihr ein Trait. Ihre Freundin hingegen erlebt Angst als akuten Zustand und damit als State.

Zur anfangs gestellten Frage nach dem **Glück** als Zustand oder Eigenschaft lässt sich nun sagen, dass hier nach Mayring eine Abgrenzung zwischen dem aktuellem Glückserleben (State) und dem biographisch langfristig entwickelten Lebensglück (Trait) erfolgen kann.[9]

---

[6] Vgl. Jöhren, P./Sartory, G.: 2002. S. 40f
[7] Vgl. Schnaack, F./Koch, A.: 2010, S. 20
[8] Vgl. Schnaack, F./Koch, A.: 2010, S. 111
[9] Vgl. Mayring, P.: 1991, S. 51ff

2.1 Anwendung im Alltag

Von großer Relevanz ist die State-Trait-Unterscheidung vor allem in Bereichen, in denen die Einschätzung der Persönlichkeit von Menschen zu weitreichenden Konsequenzen führt. So muss **vor Gericht** darüber geurteilt werden, ob ein Angeklagter zur Tatzeit zurechnungsfähig war bzw. ob das entsprechende Verhalten eine Eigenschaft (Trait) ist, oder es sich bei der Straftat um eine situationsspezifische Reaktion (State) handelte. Auch ein Gutachten bzgl. Sicherheitsverwahrung und somit die Bewertung der Wahrscheinlichkeit einer potentiellen Wiederholungstat beruhen auf der Persönlichkeitseinschätzung.

Im Bereich von Kliniken ist bei erstmaligem **Suizidversuch** eine potentiell weiterhin vorhandene Eigengefährdung einzuschätzen und dies hat Konsequenzen für mögliche weitere therapeutische Maßnahmen.

In der **Gesundheitspsychologie** ist die Unterscheidung zwischen der so genannten „State-Angst" (Zustandsangst) und „Trait-Angst" (Ängstlichkeit) ebenso von großer Bedeutung. So konnte gezeigt werden, dass Menschen mit größerer Zustandsangst weniger stark von der Ausführungsplanung bezüglich gesundheitsbezogenem Verhalten profitieren und ein geringeres Kohärenzgefühl haben.[10] Hier liegt ein wichtiger Ansatz im Vorgehen bzw. der Konzeption von Präventionsmaßnahmen.

2.2 Anwendung in Assessment Centern

Zur **Personalauswahl** setzen Firmen zunehmend Assessment Center ein. Auch ist das State-Trait-Modell von großer Relevanz. Anhand von Erhebungen wird professionell innerhalb kürzester Zeit die Persönlichkeit eines Bewerbers zielgerichtet und vergleichbar analysiert. Es werden neben kurzfristigen, aktuellen Parametern ebenso überdauernde Eigenschaften des Teilnehmers erfasst. Dies ist von enormer Bedeutung, da ein klassisches Bewerbungsgespräch immer nur eine Momentaufnahme darstellt und geklärt werden muss, ob

---

[10] Vgl. Englert, C./Bertrams, A./Dickhäuser, O.: 2011, S. 173f

die entsprechenden Eigenschaften nur States sind, oder der potentielle Mitarbeiter langfristig mit den aktuell präsentierten Stärken bestehen kann.

Der Einsatz von solchen Persönlichkeitstests in der Personalauswahl ist jedoch viel diskutiert. Dem Nutzen durch rasche und präzise Informations-gewinnung stehen der erhebliche zeitliche und finanzielle Aufwand, sowie der notwendige hochsensible Umgang mit den gewonnenen Daten gegenüber.

3. Fazit

In der Persönlichkeits- bzw. Differenziellen Psychologie untersucht man die Struktur der Persönlichkeit, sowie das Verhalten einer Person. Letzteres resultiert aus einem gewissen Anteil personenspezifischer Eigenschaften auf der einen und situationsspezifischen Merkmalen auf der anderen Seite.

Wie in der Personalauswahl, so zielen auch Persönlichkeitstests in anderen Bereichen auf das Feststellen des „wahren Charakters" eines Menschen ab. Hierdurch möchte man eine Vorhersage über eine Person anhand der Untersuchung des bisherigen Verhaltens treffen.

Aufgabe 2

In der Berufswelt kommen Intelligenz- und Eignungstests immer häufiger zur Anwendung, deren Bedeutung für eine potentiell erfolgreiche Karriere ist jedoch umstritten.[11] Doch was macht Intelligenz aus – welche Komponenten sind angeboren, welche im Gegensatz dazu erworben? Und was lässt sich demgegenüber als Kompetenz und was als Kreativität bezeichnen?

1. Intelligenz

Eine allgemeine Definition der Intelligenz gestaltet sich sehr schwierig und komplex, da die Vielschichtigkeit nur annähernd abzugrenzen bzw. messbar ist. Häufig wird sie beschrieben als eine Fähigkeit zum Denken oder Problemlösen in für das Individuum neuartigen Situationen, sodass hierzu keine automatisierten Handlungsroutinen eingesetzt werden können.[12]

Ein Großteil der Forscher ist sich einig, dass Intelligenz eine Summe aus unterschiedlichen Einzelbegabungen bildet. Demnach gehören gute kognitive Leistungen wie beim logischen und mathematischen Denken ebenso dazu, wie sprachlicher Ausdruck oder die Fähigkeit sozial denken zu können, wie auf andere Menschen einzugehen und auf deren Bedürfnisse zu reagieren.

Der Mediziner Wolfgang Seidel beschreibt Intelligenz ebenfalls als eine kognitive Fähigkeit, mittels gespeichertem Wissen und eigener Erfahrung Lösungen für ein Problem zu finden. Hierbei definiert er das Wissen und die Erfahrung eines Menschen als das Material und Intelligenz als Werkzeug für diesen Prozess. So ist es von essentieller Bedeutung, dass gespeicherte Fakten und Erfahrungen in einschlägigen Situationen im richtigen Moment mit Hilfe der Intelligenz situationsgerecht präsentiert werden.[13]

Seidel sieht das zur Verfügung stehende Wissen mit allen Erinnerungsinhalten sowie Wertvorstellungen in Form von so genannten Markern als erworbene

---

[11] Vgl. Schnaack, F./Koch, A.: 2010, S. 102
[12] Vgl. Hasselhorn, M./Schneider, W.: 2008, S. 15
[13] Vgl. Seidel, W.: 2009, S. 153ff

Komponenten. Sie dienen als Werkzeuge im Prozess der Problemlösung. Intelligenz hingegen bezeichnet er als angeboren und weist darauf hin, dass sie in den ersten beiden Lebensjahrzehnten trainiert werden muss. Sie dient als Handwerkszeug, mit dem das Gehirn sein Wissen bearbeitet. Das Resultat der intelligenten Verarbeitung der vorhandenen Speicherinhalte wird dem Bewusstsein präsentiert und führt über eine Entscheidung letztendlich zu erfolgreichem Handeln.[14]

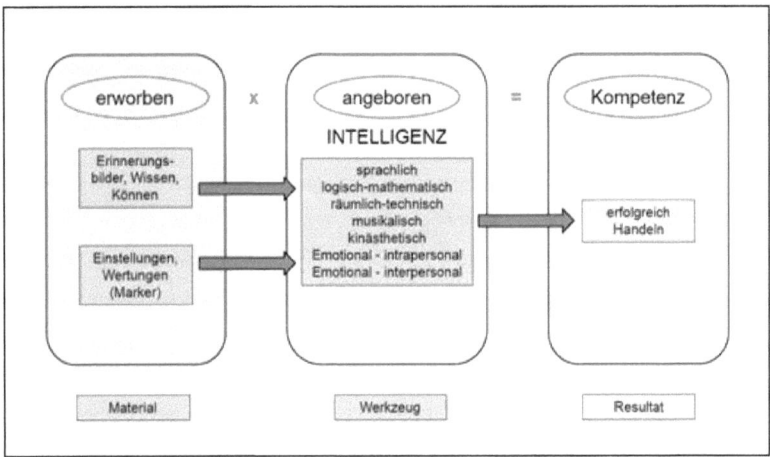

Abbildung 2: Unterscheidung von Intelligenz und Kompetenz
(Quelle: Eigene Darstellung nach Seidel, W.: 2009, S. 154)

1.1 Merkmale für Intelligenz

Um nun Intelligenz konkreter beschreiben zu können, werden verschiedene Merkmale definiert. Anhand dieser Teilkomponenten können die entsprechenden Ausprägungen erfasst werden:[15]

---

[14] Vgl. Seidel, W.: 2009, S. 154
[15] Vgl. Schnaack, F./Koch, A.: 2010, S. 94

a) Denkgestütztes Lösen von neuen Aufgaben und Problemen

Dieser Teilaspekt der Intelligenz zielt konkret auf die Fähigkeit zum Denken bzw. Problemlösen in für das Individuum neuartigen Situationen ab. Hierbei lässt sich keine automatisierte Handlungsroutine zur Lösung des Problems einsetzen und somit werden die kognitiven Fähigkeiten gefordert.

b) Schlussfolgerndes Denken

Hierbei lassen sich anhand der Vorgehensweise zwei Denkarten voneinander abgrenzen. Das *Induktiv-schlussfolgernde Denken* beschreibt die Fähigkeit, viele Einzelinformationen zu einer Regel zu verknüpfen. *Deduktiv-schluss-folgerndes Denken* hingegen beinhaltet die Fähigkeit, diese Regeln anzuwenden. Es findet somit die Herleitung eines logischen Zusammenhangs statt, man geht vom Allgemeinen hin zum Einzelfall.

c) Abstraktion

Dieses Merkmal der Intelligenz umschreibt einen Prozess, in dem Informationen auf ihre wesentlichen Eigenschaften reduziert werden. Es handelt sich um einen meist induktiven Denkprozess. Durch diese „Vereinfachung" wird ein Überführen auf eine allgemeinere Ebene erreicht. Zusätzlich wird mit der Abstraktion auch das Zurücknehmen von Generalisierungen umschrieben.

d) Verständnis und Einsicht, Erkennen und Herstellen von Struktur und Bedeutung

Werden nun die oben genannten Fähigkeiten miteinander verknüpft, führt dies zu komplexen kognitiven Prozessen, die vor allem durch eine Interaktion mit Wissen zielführend sind. Zusammenhänge verstehen und Lernprozesse durchlaufen zu können, ist von essentieller Bedeutung und bildet das komplexeste Merkmal der Intelligenz.[16]

---

[16] Vgl. Schnaack, F./Koch, A.: 2010, S. 94f

1.2 Intelligenzquotient

Mit Hilfe des so genannten Intelligenzquotienten (IQ) wird die kognitive Fähigkeit bzw. das intellektuelle Leistungsvermögen einer Person eingestuft. Der berechnete Wert ist das Resultat eines zuvor durchgeführten Intelligenztests. Man versucht somit, den Begriff der Intelligenz durch das Lösen bestimmter Aufgaben zu operationalisieren.

Anfang des 20. Jahrhunderts hat Alfred Binet in Form des Binet-Simon-Tests den ersten anerkannten Intelligenztest entwickelt. Er gab die Leistungsfähigkeit als Intelligenzalter an. Kritik wurde an diesem Test geübt, weil altersspezifische Verzerrungen auftraten. Daraufhin hat William Stern festgelegt, das Intelligenzalter zum Lebensalter in Beziehung zu setzen. Zusätzlich multiplizierte er den Intelligenzalter-Lebensalter-Quotienten mit 100, um die Nachkomma-stellen zu entfernen. Hieraus entstand die Formel:[17]

$$IQ = (Intelligenzalter : Lebensalter) \times 100$$

Es gibt unterschiedliche Arten von Intelligenztests, sie sind jeweils auf eine Intelligenztheorie bezogen. So existieren Tests zur Erfassung der allgemeinen Intelligenz oder von einzelnen Komponenten, diese können dabei von der gleichen Person jedoch zu voneinander abweichenden Ergebnissen führen.

Heute ist der IQ daher rein formal von den Verteilungseigenschaften von Intelligenzwerten bestimmt und unabhängig vom Test. Es werden für das Lösen von unterschiedlichen Aufgaben Punkte vergeben und die Summe mit der Verteilung in der entsprechenden Altersgruppe verglichen:[18]

$$IQ = 100 + 15 \times (X\text{-}M)/SD$$

M ist in der vorgegebenen Formel der Mittelwert und SD die Standardabweichung der Rohwerte in der Normstichprobe der entsprechenden Altersgruppe, der die Person zugeordnet wurde.

---

[17] Vgl. Schnaack, F./Koch, A.: 2010, S. 17
[18] Vgl. Schnaack, F./Koch, A.: 2010, S. 96

Die IQ-Werte sind dabei so normiert, dass auf allen Altersstufen der Mittelwert für den Intelligenzquotienten 100 und die Standardabweichung 15 beträgt.

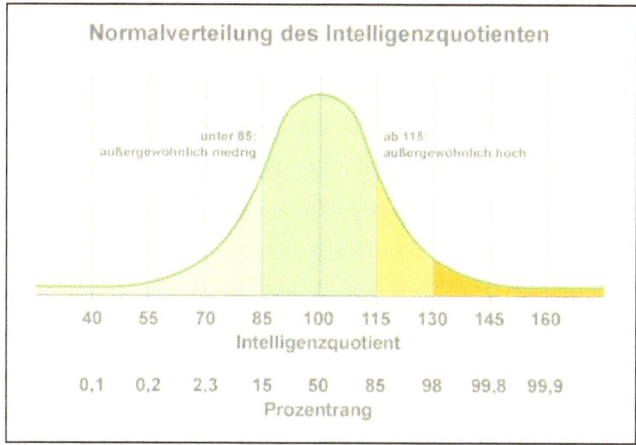

Abbildung 3: Normalverteilung des Intelligenzquotienten
(Quelle: Vgl. Institut für das begabte Kind (20. September 2014),
http://www.hochbegabten-homepage.de/intelligenztest_fuer_kinder.html)

1.2.1 Bedeutung

Durch den IQ-Test ist es möglich, eine zuverlässige und objektive Aussage über die Höhe der Intelligenz einer bestimmten Person zu treffen. Das Ergebnis gibt dabei den IQ-Wert einer Person im Vergleich zur Altersnorm an.

IQ-Wert		IQ-Wert		IQ-Wert	
unter 55	Schwere bis schwerste Retardierung/Behinderung	85 bis 99	Grenzbereich niedriges Niveau im Normbereich	115 bis 129	Überdurchschnittliche Intelligenz
55 bis 69	Leichte Retardierung/ Behinderung	100	Normwert (mittlerer Durchschnitt)	130 bis 145	Hochbegabung
70 bis 84	Unterdurchschnittliche Intelligenz	101 bis 114	Grenzbereich hohes Niveau im Normalbereich	über 145	Höchstbegabung

Abbildung 4: Deutsche Klassifizierung des Intelligenzquotienten
(Quelle: Vgl. Institut für das begabte Kind (20. September 2014),
http://www.hochbegabten-homepage.de/intelligenztest_fuer_kinder.html)

13

Die durchschnittliche Intelligenz entspricht dabei einem Intelligenzwert von 100. Eine überdurchschnittliche Intelligenz liegt ab einem Wert von circa 115 vor. Als hochbegabt wird eine Person bezeichnet, wenn sie einen IQ-Wert von 130 und mehr erreicht. Somit sind 15 Prozent der Personen der untersuchten Gruppe überdurchschnittlich intelligent und entsprechend nur 2 Prozent können als hochbegabt eingestuft werden.

1.2.2 Anwendung

In der **Berufswelt** kommen Intelligenz- und Eignungstests immer häufiger zum Einsatz, deren Bedeutung für eine potentiell erfolgreiche Karriere ist jedoch umstritten.[19] Intelligenztests können lediglich eine grobe Orientierung zur Einschätzung der Intelligenz eines Individuums liefern, sind jedoch nicht unbedingt wegweisend für späteren Erfolg.[20]

Seidel geht noch einen Schritt weiter und benennt beispielsweise das **Krankenhaus** als einen Ort, dessen Organisation darauf ausgelegt ist, Intelligenz nicht zu benötigen. Denn die Definition von Intelligenz (Fähigkeit zum Lösen bisher unbekannter Probleme) besagt im Umkehrschluss: Wo Intelligenz gebraucht wird, gibt es Probleme. Und wo Probleme gelöst werden müssen, entstehen Risiken. Diesen versucht man in Kliniken durch ein System von Vorschriften, Checklisten und Leitlinien vorzubeugen.[21]

Das Oberste Gericht der USA hat im Mai 2014 **Hinrichtungen** von Personen erschwert, deren geistige Fähigkeiten am unteren Rand oder jenseits dessen angesiedelt sind, was als normal gilt. Das Urteil erklärt die in Florida festgesetzte Grenze von einem IQ von 70 zwar als verfassungswidrig, weist aber auf das Verbot hin, geistig Rückständige zu exekutieren. Somit ist hier eine Messung des IQ sinnvoll und das Ergebnis sollte in die Beurteilung miteinfließen.[22]

Im **Kindesalter** kann ein Intelligenztest als Erziehungshilfe und Grundlage der pädagogischen Förderung dienen. Durch IQ-Tests wird es möglich, eine

---

[19] Vgl. Schnaack, F./Koch, A.: 2010, S. 102
[20] Vgl. Schnaack, F./Koch, A.: 2010, S. 102
[21] Vgl. Seidel, W.: 2009, S. 154
[22] Vgl. Neue Zürcher Zeitung (24.08.2014), http://www.nzz.ch/aktuell/startseite/das-oberste-gericht-schuetzt-geistig-behinderte-1.18311254.

individuelle Analyse der Stärken und Schwächen eines Kindes zu erstellen, so können frühzeitig Fördermaßnahmen im Bereich der Hochbegabung, wie auch für erzieherische Präventionsmaßnahmen ergriffen werden.

1.3 Multiple Intelligenzen von Gardner

Diejenigen Menschen, die im Leben besonders viel erreicht haben, sind nicht immer diejenigen, die die besten Schulleistungen erbracht haben. Besonders in sozialen Berufen oder der Teamleitung ist die Fähigkeit zu Mitgefühl bzw. die zum Führen und Organisieren von großer Bedeutung. In der Schule gelehrt und bewertet wird jedoch meist der reine Wissenserwerb. Gardner hat gezeigt, dass Intelligenztests nicht alles das prüfen, was zum Erfolg im Leben verhilft. Es wird geschätzt, dass der Intelligenzquotient nur ca. 20 Prozent aller Intelligenzleistungen erfasst.[23]

Das 1993 von Gardner vorgestellte Modell der multiplen Intelligenzen (TMI) stützt sich auf die Überzeugung, dass Intelligenz ein breites Konstrukt ist, das mehrere Module beinhaltet. Er zeigt hierbei auf, dass Menschen über unterschiedliche, voneinander relativ unabhängige kognitive Fähigkeiten verfügen: sprachliche Intelligenz, logisch-mathematische Intelligenz, räumliche Intelligenz, musikalische Intelligenz, körperlich-kinästhetische Intelligenz, interpersonale Intelligenz, intrapersonale Intelligenz und naturbezogene Intelligenz.[24]

---

[23] Vgl. Seidel, W.: 2009, S. 159
[24] Vgl. Schnaack, F./Koch, A.: 2010, S. 100

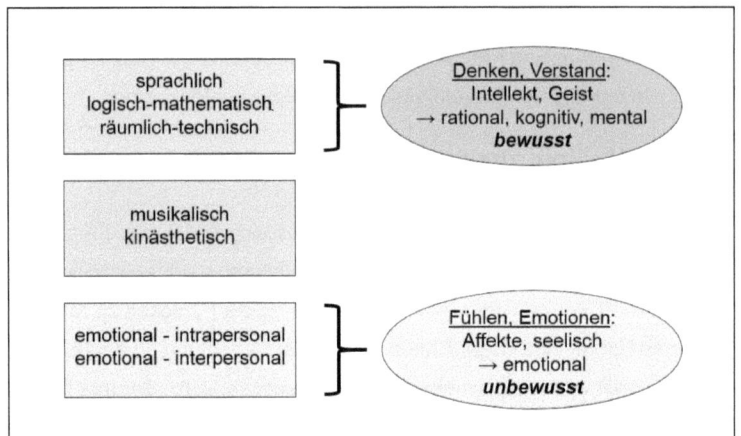

Abbildung 5: Intelligenz - Lösen unbekannter Probleme
(Quelle: eigene Darstellung nach Seidel, W.: 2009, S. 159)

Verschiedene Wissenschaftler kritisieren Gardners Modell als Zusammenstellung von Fähigkeiten unter dem Etikett der Intelligenz, andere begrüßen die Beachtung von musikalischer oder körperlich-kinästhetischer Intelligenz.[25]

Betrachtet man die Intelligenz in ihrer klassischen Definition als der Fähigkeit zur Problemlösung, und zum Umgang mit komplexen Zusammenhängen, so wird dies vorrangig in drei der sieben von Gardner aufgestellten Fähigkeiten erfasst. Es handelt sich um rationale, bewusst steuerbare Komponenten. Ob sogenannte unbewusste Komponenten im Prozess der Problemlösung nun auch mit erfasst werden müssen, ist umstritten. Rost beispielsweise kritisiert das Modell, indem auf er eine einseitige Literatursichtung, vorschnelle pädagogische Popularisierung Gardners hinweist.[26]

Kim und Hoppe-Graff hingegen begrüßen die Aufnahme von so genannten „IQ-nahen" Fähigkeiten in das Intelligenzmodell sehr und sprechen sich für eine Gleichwertigkeit der kognitiven und emotionalen Komponenten aus.[27]

---

[25] Vgl. Schnaack, F./Koch, A.: 2010, S. 100
[26] Vgl. Rost, D.H.: 2008, S. 97ff
[27] Vgl. Kim, H.-O./Hoppe-Graff, S.: 2009, S. 65ff

2. Intelligenz und Kreativität

Neben der Intelligenz stellt die Kreativität das wohl wichtigste Merkmal geistiger Leistungsfähigkeit dar. In der Definitionsfrage herrscht jedoch häufig Ratlosigkeit, meist konzentrieren sich die Versuche auf eine Abgrenzung zur Intelligenz. Eine wichtige Voraussetzung für Kreativität scheint die flexible Nutzung des Wissensvorrates zu sein.[28]

Der Persönlichkeits- und Intelligenzforscher Guilford definierte Kreativität und Intelligenz auf zwei Varianten von Problemlöseprozessen: [29]

Hierbei entspricht *Konvergentes Denken* dem einheitlichen Denken, Probleme haben eine eindeutige und bekannte Lösung. Der Prozess ist auf die Fragestellung fokussiert. *Divergentes Denken* hingegen beschreibt einen breiter angelegten Lösungsansatz. Die Probleme müssen erst klar definiert werden und es gibt unterschiedliche Lösungen. Diese Unterscheidung spiegelt sich auch in Kreativitätstests wieder. Es werden hier vor allem die Komponenten des divergenten Denkens erfasst. Ein kreativ denkender Mensch zeigt eine besonders hohe Sensitivität gegenüber Problemen, und zeichnet sich durch originelle sowie flexible Denkprozesse aus.

König wiederum definiert Intelligenz als ein logisches und schlussfolgerndes Denken im Rahmen des Lösens von Problemen. Kreatives Denken hingegen sieht er als flüssigen, flexiblen und originellen Vorgang, bei dem nach alternativen Lösungen gesucht wird. Das Ergebnis eines kreativen Denkprozesses sollte hier jedoch nicht nur neu, sondern auch nützlich und ästhetisch sein.[30]

---

[28] Vgl. Neubauer, A.C.: 2002, S. 49f
[29] Vgl. Schnaack, F./Koch, A.: 2010, S. 104
[30] Vgl. König, F.: 1986, S. 345-357, zitiert nach Schnaack, F./Koch, A.: 2010, S. 105

17

3. Fazit

Die Schwierigkeit beim Intelligenzbegriff besteht vor allem in seiner Definition und Abgrenzung. Grundlegend wird Intelligenz als Fähigkeit zum Denken oder Problemlösen in für das Individuum neuartigen Situationen beschrieben. Zu beachten ist, dass Intelligenztests lediglich als grobe Orientierung dienen können, aber nicht grundsätzlich als Messlatte zu sehen sind. Zudem sollte die tatsächliche Notwendigkeit der Intelligenz für das entsprechende Berufsfeld oder den entsprechenden Zusammenhang zunächst geklärt werden. Häufig scheint es eher die Kreativität im Sinne der flexiblen Nutzung des Wissensvorrates zu sein, die gefordert ist.

Aufgabe 3

Ziel eines jeden Unternehmens ist es, die maximale Leistung von Mitarbeitern hervorzubringen – jeder einzelne soll seinen Stärken und Schwächen entsprechend optimal eingesetzt werden. Welche Möglichkeiten der Förderung und Motivation gibt es? Antworten versucht man anhand von Persönlichkeitstypologien zu finden, einzelne werden im Folgenden vorgestellt.

1. Persönlichkeitstypologischer Ansatz von Eysenck

Der Psychologe Hans J. Eysenck erkannte die Komplexität der Persönlichkeit und versuchte diese in seinem Modell auf wenige Hauptkriterien zu reduzieren. Wie in Aufgabe 1 dargestellt, beruht sein Konzept auf der Hierarchie von spezifischen Verhaltensweisen, die über Gewohnheiten und Traits schließlich zum allgemeinen Typus führen.

1.1 Persönlichkeit

Eysenck beschreibt, dass Persönlichkeit zeitlich stabil ist und auf einer Kombination von Charakter (Willen), Temperament (Emotion), Intellekt (Intelligenz) und Körperbau (Körper/Hormonsystem) basiert. Aus Daten diverser Tests leitet er drei Dimensionen zur Beschreibung der Persönlichkeit ab:

1. Extraversion (nach innen vs. nach außen orientiert)
2. Neurotizismus (stabil vs. emotional instabil)
3. Psychotizismus (freundlich/rücksichtsvoll vs. aggressiv/ asozial)

Hierbei werden anhand der Ausprägung keine diskreten Kategorien gebildet, sondern es gibt einen kontinuierlichen Übergang. Je näher man sich an einem der Extrempole befindet, umso mehr entspricht man diesem Typus und ist vom Persönlichkeitsmuster am Gegenpol maximal weit entfernt.[31]

---

[31] Vgl. Schnaack, F./Koch, A.: 2010, S. 25f

1.2 Typen

Durch das Definieren klar abgrenzbarer Muster individueller Merkmalen wird eine Einteilung in die verschiedenen Persönlichkeitstypen möglich. Eysenck beschrieb diese Typen als Dimensionen und nicht als diskrete Kategorien, sodass graduelle Unterschiede bestehen bleiben. Er erarbeitete unter Verwendung der Daten von C. G. Jung drei Paare gegensätzlicher Pole:[32]

→ **P**sychotizismus vs. Impulskontrolle

→ **E**xtraversion vs. Introversion

→ **N**eurotizismus vs. Stabilität

Die drei erstgenannten Pole sind Namensgeber der Theorie.

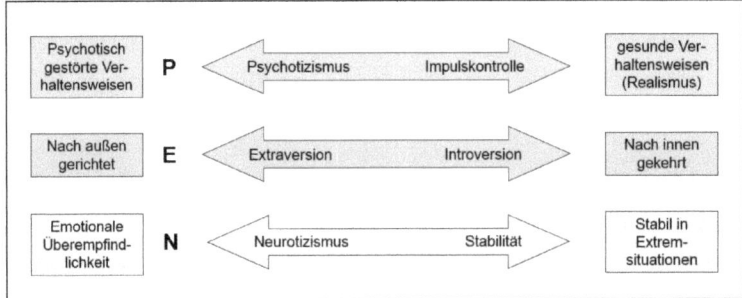

Abbildung 6: PEN-Modell nach Eysenck
(Quelle: Eigene Darstellung in Anlehnung an Koch, A./Schnaack, F.: 2010, S. 26)

Mit dem Paar von **Psychotizismus vs. Impulskontrolle** beschreibt Eysenck auf der einen Seite die psychische Gesundheit mit Impulskontrolle und Realismus, auf der anderen Seite die psychotisch gestörten Verhaltensweisen. Mit **Extraversion vs. Introversion** wird die Einstellung eines Individuums beschrieben. Der extravertierte Typ ist stark nach außen gerichtet, der introvertierte nach innen gekehrt.

---

[32] Vgl. Schnaack, F./Koch, A.: 2010, S. 26f

Das vierte definierte Eigenschaftspaar **Neurotizismus vs. Stabilität** beschreibt auf der einen Seite eine emotionale Überempfindlichkeit mit Problemen, nach emotionalen Erfahrungen zur Normallage zurückzukehren und auf
der anderen Seite eine vorhandene Stabilität in emotionalen Extremsituatio-
nen.

1.3 Heutige Bedeutung

Heute kommt Eysencks Theorie keine unmittelbar große Bedeutung in der
Persönlichkeitspsychologie mehr zu. So wurde der von Eysenck vermutete
Zusammenhang zwischen Neurotizismus und interindividuellen Unterschieden in limbischen Erregungs-/Hemmungsprozessen bisher nicht bestätigt. Allerdings basieren einzelne Ansätze der aktuellen Typologien auf seiner Theorie – so lässt sich beispielsweise eine Abwandlung von Eysencks Ansatz
bzgl. Extraversion und der zusätzlichen Dimension des Neurotizismus im
Fünf-Faktoren-Modell (Big Five) wiederfinden. Dieses System wiederum gilt
heute als der beste Ansatz zur Beschreibung von Persönlichkeit und basiert
auch in weiteren Punkten auf Eyencks und Cattels Forschung.[33]

2. Aktuelle Persönlichkeitstypologien

Menschen in Persönlichkeitstypologien zu beschreiben erfreut sich zunehmender Beliebtheit. Bei adäquatem Einsatz lässt sich mit einzelnen Modellen
für jeden Mitarbeiter über die richtige Führung die größte Motivation erzielen.[34] Zwei Konzepte werden im Folgenden vorgestellt.

---

[33] Vgl. Schnaack, F./Koch, A.: 2010, S. 122
[34] Vgl. Lensing, T./Schmattloch, T.: 2009, S. 505ff

2.1 MBTI

Der Myers-Briggs Type Indicator (MBTI) gilt als eines der weltweit erfolg-reichsten Instrumente zur Persönlichkeits-Selbstanalyse.[35] Es handelt sich um ein seit mehr als 50 Jahren im Einsatz befindliches System zur Erhebung von Persönlichkeitstypen. Basierend auf der Theorie der Persönlichkeitsty-pen von C. G. Jung, wurde das System von Katharine Myers und Isabel Briggs Myers weiterentwickelt.

Grundlage der Theorie sind vier Gegensatzpaare, deren Ausprägungen jeder Mensch in unterschiedlicher Intensität nutzt:

- → Extraversion vs. Intraversion
- → Empfinden vs. Intuition
- → Denken vs. Fühlen
- → Urteilen vs. Wahrnehmen

Hierbei bildet jede Dimension ein Kontinuum, bei dem die Verhaltensweisen in unterschiedlicher Ausprägung vorhanden sind.

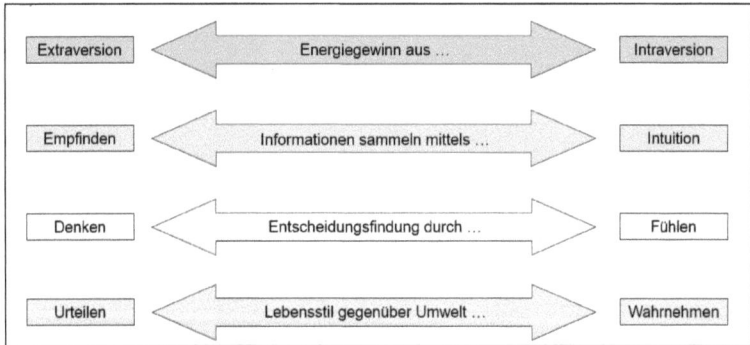

Abbildung 7: MBTI Persönlichkeitsmodell
(Quelle: eigene Darstellung in Anlehnung an Koch, A./Schnaack, F.: 2010, S. 35)

---

[35] Vgl. Wagner, H.: 1993, S. 16ff, zitiert nach Schnaack, F./Koch, A.: 2010, S. 34

Betrachtet man zunächst **Extraversion vs. Intraversion**, so stellt sich die Frage, woher der Mensch seine Energie bezieht. Handelt es sich um eine Persönlichkeit, die Energie durch das Alleinsein und den Abstand zu anderen gewinnt, oder eher durch Kontakt unter Mitmenschen? In puncto **Empfinden vs. Intuition** wird abgefragt, woher jemand Informationen bezieht. Orientiert sich der Mensch eher an Details, oder vertraut er auf das intuitive Gefühl? Das Gegensatzpaar **Denken vs. Fühlen** beschreibt, auf welche Art und Weise Entscheidungen getroffen werden – denkend oder fühlend? Bei der Frage nach dem Umgang mit der Welt um sich herum existieren die Ausprägungen **Urteilen vs. Wahrnehmen**. Während der Typ des Urteilens an einmal gefassten Entschlüssen festhält, so ändert der Wahrnehmungstyp nach Abwägungen flexibel seine Haltung und Meinung.

2.2 DISG

Im so genannten DISG-Modell unterscheidet man ebenfalls zwischen vier markanten Verhaltensstilen, die auch dem Modell seinen Namen geben.[36]

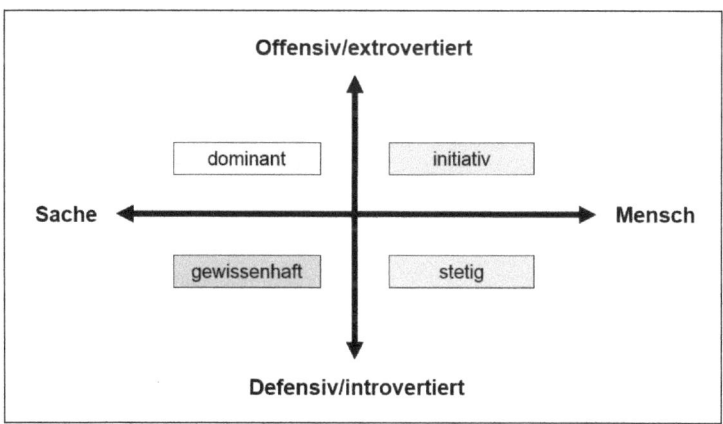

Abbildung 8: DISG Persönlichkeitsmodell
(Quelle: eigene Darstellung in Anlehnung an Lensing, T./Schmattloch, T.:
2009, S. 505ff)

---

[36] Vgl. Lensing, T./Schmattloch, T.: 2009, S. 505ff

1. **D**ominanter Typ (extrovertiert und aufgabenorientiert)

   Dominante Menschen haben das Ziel, ihr Umfeld zu formen, Widerstände zu überwinden und Ergebnisse zu erzielen. Stärken dieser Typen sind eine hohe Zielorientierung und Problemlösekompetenz. Schwächen bilden Ungeduld und autoritäres Auftreten.

2. **I**nitiativer Typ (extrovertiert und menschenorientiert)

   Der initiative Typ ist ebenfalls bestrebt, seine Umwelt zu formen und Ergebnisse zu erzielen – allerdings mit Unterstützung anderer. Zu seinen Stärken zählen die hohe Bereitschaft, andere Menschen zu motivieren und zu begeistern. Schwächen bilden mögliche Oberflächlichkeit, wenig Detailgenauigkeit und Organisationsdefizite.

3. **S**tetiger Typ (introvertiert und menschenorientiert)

   Menschen vom stetigen Typ möchten ebenfalls Ergebnisse erzielen, nicht aber ihre Umwelt formen. Sie suchen die Kooperation mit Anderen und haben das Bedürfnis nach Sicherheit. Eine Stärke ist die hohe Teamfähigkeit, diese ist paradoxerweise auch größte Schwäche: Harmoniebedürfnis hat höhere Priorität als Erreichen des Ziels.

4. **G**ewissenhafter Typ (introvertiert und aufgabenorientiert)

   Der Gewissenhafte möchte mit Mitmenschen über Konsequenzen von Aktionen sprechen. Stärken bilden Ausdauer und Genauigkeit, Schwächen ein zu vorsichtiges und zu gründliches Vorgehen.

2.3 Charakteristika

Eine Grundlegende Gemeinsamkeit von DISG und MBTI ist – wie auch bei Big Five und dem Ansatz von Eysenck – dass sie alle auf die Typologie „Extraversion vs. Intraversion" von C. G. Jung zurückgreifen.

In beiden beschriebenen Theorien zur Einteilung von Persönlichkeiten werden Extrem- bzw. Reintypen dargestellt, denen niemand zu 100% entspricht. Es handelt sich somit um Tendenzen, mehr oder weniger stark ausgeprägte Persönlichkeitstypen. Die Modelle bieten einen Orientierungsrahmen zur

Persönlichkeitstheorie und in der Anwendung ergibt sich dadurch ein guter Analyse- und Interaktionsrahmen beispielsweise zur Führung von Mitarbeitern oder Teamzusammensetzung.

2.4 Pro und Contra der Anwendung

Menschen in Persönlichkeitstypologien zu beschreiben, wird in vielen Unternehmen immer beliebter, stößt jedoch auch häufig auf Skepsis. Mit Hilfe von unterschiedlichen Tests wird versucht, Personen schnell einzuschätzen und die Vielfalt von Informationen zu verringern. Die umfassende Komplexität der individuellen Persönlichkeit geht dabei meist verloren.

Durch das Einordnen in Kategorien kann zudem ein Schubladendenken entstehen, dass dem einzelnen Menschen nicht gerecht wird. Auf der anderen Seite erhält man rasch und zielgerichtet Informationen über Stärken und Schwächen, sowie Selbst- und Fremdbild einer Person bzw. eines Mitarbeiters. Hier bietet sich ein Ansatz für Fort- und Weiterbildungsmaßnahmen.

Durch das Zusammenfassen von Merkmalen versucht man zudem auf das zukünftige Verhalten einer Person zu schließen. Doch jeder Mensch reagiert in bestimmten Situationen evtl. unerwartet und nicht seiner üblichen Gewohnheit nach. Hier lässt sich auf die State-Trait-Debatte verweisen.

Als formaler Aspekt ist ein hoher finanzieller und zeitlicher Aufwand für die Anwendung von Persönlichkeitstests mit dem Nutzen abzuwägen.

2.5 Verwendbarkeit in Aus- und Weiterbildung

Die Konzepte des MBTI und DISG können für eine gezielte Weiterbildung oder Anpassung des Jobprofils genutzt werden. Anhand der Persönlichkeitstests können selektiv die Stärken und Schwächen einer Person erfasst und gefördert bzw. behoben werden. Lensing und Schmattloch haben das DISG-Modell sowie dessen Anwendbarkeit anhand der Mitarbeiterführung in einer Arztpraxis untersucht. Sie stellen vor, wie man anhand der Einteilung in Persönlichkeitstypen ein Praxisteam effizienter führen kann. Fördert man

Mitglieder des Teams entsprechend der typentsprechenden Stärken und Schwächen, so lässt sich eine höhere Mitarbeitermotivation und Patientenzufriedenheit erreichen.[37] So wird sich ein laut DISG-Modell als dominanter Mitarbeiter definierter Typ durch Weiterbildungen im Bereich der Steigerung des Teamgefühls weiterentwickeln. Eine gewissenhafte Mitarbeiterin wiederum wird in Situationen, in denen sie ihre Fähigkeit zum Planen zeigt, stark auftreten.[38]

Der Persönlichkeitstest MBTI wird ebenfalls in zahlreichen Fortbildungen eingesetzt. Hier können als Resultat so genannte Präferenzen benannt werden, die eine Person dazu bringen, sich über verschiedene Situationen hinweg konsistent zu verhalten. Die Teilnehmer können damit typische Bereiche ihrer Persönlichkeit besser kennen lernen und daran arbeiten. Ebenso wird die Möglichkeit geboten, Selbst- und Fremdbild abzugleichen. Der Test erfreut sich zunehmender Beliebtheit in Unternehmen, da er besonders die für Führungsaufgaben wichtige Dimensionen abfragt.[39]

Mit dem Begriff der Selbstwirksamkeit wird in der Persönlichkeitspsychologie die Überzeugung beschrieben, so handeln zu können, dass gewünschte Auswirkungen eintreten. In diesem Zusammenhang wird auch die Employability untersucht, eine Fähigkeit zur Partizipation am Arbeits- und Berufsleben. Mit ihr hängt u.a. die berufliche Weiterbildungsbereitschaft zusammen. Blickle und Schneider benennen eine geringe Ängstlichkeit, internale Kontrollüberzeugung, eine hohe Selbstwirksamkeit und Gewissenhaftigkeit, sowie eine starke Leistungsmotivation als förderliche Eigenschaften.[40]

---

[37] Vgl. Lensing, T./Schmattloch, T.: 2009, S. 505f
[38] Vgl. Lensing, T./Schmattloch, T.: 2009, S. 507
[39] Vgl. Schnaack, F./Koch, A.: 2010, S. 23
[40] Vgl. Schnaack, F./Koch, A.: 2010, S. 66

3. Wissenschaftliche Qualität bei Persönlichkeitstypologien

Um herauszufinden, ob der Einsatz eines bestimmten Modells zur Untersuchung von Persönlichkeitstypologien in einem Unternehmen sinnvoll ist, sollte man es zunächst auf seine wissenschaftliche Qualität hin überprüfen.

3.1 klassische Testgütekriterien

Durch die Beurteilung der **Objektivität** eines Tests lässt sich eine Aussage darüber treffen, inwiefern dieser vom konkreten Testanwender unabhängig ist. Die **Reliabilität** eines Verfahrens wiederum spiegelt seine Zuverlässigkeit wieder und gibt somit den Grad der Messgenauigkeit an. Mit der **Validität** wird erhoben, wie gut der Test in der Lage ist, das zu messen, was er zu messen vorgibt. Die **Normierung** trägt dazu bei, dass man einen Bezugsrahmen für die Interpretation von verschiedenen Testergebnissen hat. Zuletzt noch der aus wirtschaftlicher Sicht wichtigste Punkt ist die **Ökonomie/Nützlichkeit** eines Verfahrens. Ökonomisch ist ein Test mit kurzer Durchführungszeit, wenig Material, einfach zu handhaben, schnell und bequem auszuwerten. Nützlich wiederum ist ein Test, bei dem ein Persönlichkeitsmerkmal gemessen wird, für dessen Untersuchung ein praktisches Bedürfnis besteht und wenn es keinen anderen Test gibt, durch den ein Persönlichkeitsmerkmal auch erfasst werden kann.

3.2 Anwendung bei MBTI und DISG

Beim MBTI ist die Objektivität in der Durchführung, der Auswertung und Interpretation gegeben.[41] Die Testeilnehmer können die Fragen in Abwesenheit des Auswertenden bearbeiten. Da es sich um multiple Choice handelt, ist eine Interpretation bei der Auswertung nicht notwendig. Reliabilität und

---

[41] Vgl. Wildenmann, B.: 2000, S. 129

Validität wurden in mehreren Studien bestätigt.[42] Andere Stimmen werfen dem Test jedoch gutes Marketing statt besonderer Güte vor.[43]

Das DISG-Modell erreicht ausreichende Objektivität in Form von klaren Vorschriften und Anweisungen bei der Durchführung und eine standardisierte Auswertung.[44] Auch im Bereich der Reliabilität und Validität konnten mehrere Studien den geforderten Standard nachweisen.[45]

Die Nützlichkeit beider Modelle wird je nach verfolgtem Ziel abgewogen.

4. Fazit

Das Feld der Persönlichkeitstheorien hat von Eysenck über MBTI und DISG bis zur „Bis Five", dem aktuell bekanntesten Ansatz zur Beschreibung von Persönlichkeit, deutliche Entwicklungsschritte durchlaufen. Menschen in Persönlichkeitstypologien zu beschreiben, erfreut sich zunehmender Beliebtheit. Die Modelle bieten eine große Chance, der Einsatz sollte jedoch zielgerichtet und wohlüberlegt erfolgen.

---

[42] Vgl. Lorenz, T./Oppitz, S.: 2006, S. 316
[43] Vgl. Schnaack, F./Koch, A.: 2010, S. 34
[44] Vgl. Ott, L.: 2006, S. 173
[45] Vgl. Stock-Homburg, R.: 2010, S. 505

Literaturverzeichnis

Ammann, B.: Oberstes Gericht schützt geistig Behinderte. 2014. http://www.nzz.ch/aktuell/startseite/das-oberste-gericht-schuetzt-geistig-behinderte-1.18311254 (24.08.2014)

Englert, C./Bertrams, A./Dickhäuser, O.: Entwicklung der Fünf-Item-Kurzskala STAI-SKD zur Messung von Zustandsangst. In: Zeitschrift für Gesundheitspsychologie. 19 (4). 2011, S. 173-180

Institut für das begabte Kind: Normalverteilung des Intelligenzquotienten. 2014. http://www.hochbegabten-homepage.de/intelligenztest_fuer_kinder.html (20. September 2014)

Institut für das begabte Kind: Die deutsche Klassifizierung. 2014. http://www.hochbegabten-homepage.de/intelligenztest_fuer_kinder.html (20. September 2014)

Jöhren, P./Sartory, G.: Zahnbehandlungsangst – Zahnbehandlungsphobie. Ätiologie – Diagnose – Therapie. 1. Auflage. Schlütersche. Hannover. 2002

Kim, H.-O./Hoppe-Graff, S.: Multiple Intelligenzen, multiple Perspektiven. In: Zeitschrift für Pädagogische Psychologie. Heft 23 (1). 2009, S. 65-74

Koch, A./Schnaack, F.: Persönlichkeits- und Differenzielle Psychologie. Studienbrief der SRH FernHochschule Riedlingen. Riedlingen. 2010

König, F.: Kreativitätsdiagnostik als essentieller Bestandteil der Intelligenzdiagnostik. In: Zeitschrift für Differentielle und Diagnostische Psychologie. Heft 32. 1986, S. 345-357

Lensing, T./Schmattloch, T.: Mitarbeiterführung mit dem DISG-Persönlichkeitsmodell. In: Quintessenz Team-Journal. Heft 10. 2009, S. 505-508

Lorenz, T./Oppitz, S.: Myers-Briggs Typenindikator (MBTI) – Profilierung durch Persönlichkeit. In: Simon, W. (Hrsg.): Persönlichkeitsmodelle und Persönlichkeitstests. 1. Auflage. GABAL Verlag. Offenbach. 2006, S. 316

Mayring, P.: Psychologie des Glücks. 1. Auflage. Kohlhammer. Stuttgart. 1991

Neubauer, A. C.:, Das Mauerblümchen. In: Gehirn und Geist. Heft 2/2002. 2002, S.49-50

Ott, L.: Das DISG-Persönlichkeitsprofil. In: Simon, W. (Hrsg.): Persönlichkeitsmodelle und Persönlichkeitstests. 1. Auflage. GABAL Verlag. Offenbach. 2006, S. 173

Rost, D. H.: Multiple Intelligenzen, multiple Irritationen.In: Zeitschrift für pädagogische Psychologie. Heft 22 (2). 2008, S. 97-112

Schneider, W./Hasselhorn, M.: Handbuch der Pädagogischen Psychologie. 1. Auflage. Hogrefe. Göttingen. 2008

Seidel, W.: Emotionspsychologie im Krankenhaus. Ein Leitfaden zur Überlebenskunst für Ärzte, Pflegende und Patienten. 1. Auflage. Springer Verlag. Berlin-Heidelberg. 2009

Stock-Homburg, R.: Personalmanagement. Theorien-Konzepte-Instrumente. 2. Auflage. Gabler-Verlag, Wiesbaden. 2010

Wagner, H.: Persönlichkeitstests. Das neue Persönlichkeits-Profil DISG. In: managerSeminare. Heft 12. 1993, S. 16ff

Wildenmann, B.: Die Persönlichkeit des Managers. 1. Auflage. Hogrefe Verlag. Göttingen. 2000